# 金《キム》正《ジョン》日《イル》守護霊の霊言

## 日本侵略計画（金正日 守護霊） vs. 日本亡国選択（鳩山由紀夫 守護霊）

# まえがき

本書では、日本の今後の国政を見通す上で大切と思われる、北朝鮮指導者、金正日の本心を探った。「守護霊」と言えば、宗教的であるので、信じない人も多いと思うが、「金正日の潜在意識《せんざいいしき》にアクセスした」と説明すればわかりやすいだろう。「そんなことがはたしてできるのか。」と疑問に思う方も多いだろうが、私は日本最大規模の宗教団体『幸福の科学』の総裁であり、教祖でもある。不思議でも何でもない。これは、神通力《じんつうりき》の一つである。かつて三国志の名軍師、諸葛亮孔明《しょかつりょうこうめい》が、千里《せんり》の彼方《かなた》に勝敗を決しえたのも、このような神通力があったからだと思う。

本書の付録として、マスコミが、次期総理最有力候補に持ち上げようとしている民主党代表、鳩山由紀夫氏の守護霊へのインタビューも収録した。彼がどういう人物かを鑑定する材料となるだろう。

なお、本霊言《れいげん》は、幸福の科学総合本部で行われ、男性幹部二名がインタビューし、女性幹部三名が立ち会った。

二〇〇九年　七月十日

国師《こくし》　大川隆法《おおかわりゅうほう》

# 金正日守護霊の霊言　目次

## 第1章　金正日《キムジョンイル》守護霊の霊言

## 第2章 鳩山由紀夫《はとやまゆきお》守護霊の霊言

本書は、金正日と鳩山由紀夫氏の「守護霊」の霊言をまとめたものである。

人間の魂は六人のグループからなり、あの世に残っている「魂の兄弟」の一人が守護霊を務めている。守護霊の考え方は本人とそっくりであり、本人の利益を守ろうとする。

なお、霊言に当たっては、外国人霊の場合、言語中枢《ちゅうすう》から必要な言葉を選び出し、日本語で語ることも可能である。

# 第1章

# 金正日《キムジョンイル》守護霊の霊言

二〇〇九年七月八日収録

# 1　ミサイルは国威《こくい》発揚《はつよう》の手段

金正日守護霊　――　北朝鮮《きたちょうせん》で、なぜミサイルをつくっているのか。ミサイルを、なぜ、あれだけつくって、日本海に撃《う》ち込《こ》んでいるのか。

それは、できるからだ。

金正日守護霊　――　何ができるのか。

ミサイルができることを見せたい。

金正日守護霊　――　見せて、どうするのか。

見せて国威《こくい》を発揚《はつよう》したい。

金正日守護霊　――　飢《う》えている国民が多いのではないか。

**金正日守護霊**　知らんな。

――そして、核《かく》もつくっていると。

**金正日守護霊**　おう、できてるよ。

――使う気はあるのか。

**金正日守護霊**　あるよ。

――どこで使うのか。

**金正日守護霊**　まあ、敵国だよ。

――敵とは？

**金正日守護霊**　それは、当然、日本と韓国《かんこく》だよ。それと、アメリカ、米軍基地だ。

――使ったら、自分たちも生きられないのではないか。

**金正日守護霊**　そんなこと信じん。考えてないよ。取りあえず、国威発揚が大事だ。

――　先のことを考えていないのだな。

金正日守護霊　いや、次の体制のために国威発揚をしようとしている。

## 2　中国は、北朝鮮《きたちょうせん》を強化して、アメリカの覇権《はけん》を終わらせようとしている

――　核を使ったら、あなたの国は滅亡《めつぼう》だろうね。

金正日守護霊　そんなことないよ。うちが使ったら、ほかの国が滅亡するんだろう。

――　反撃《はんげき》があると思うが。

金正日守護霊　その前に潰《つぶ》してしまうから。君たちが思っているより遥《はる》かに強い国なのだよ。

――経済力もないのに、強い国だとは……。

**金正日守護霊**　経済力がないと思うところが間違《まちが》いなんだよ。あるんだよ。

――どこに？

**金正日守護霊**　中国に。

――中国に援助《えんじょ》をしてもらっているんだな。

**金正日守護霊**　そうです。

――中国の真意は何か。

**金正日守護霊**　中国？　中国が、属国と思っているのか、友邦《ゆうほう》と思っているのか、同盟国と思っているのか、知らんけれども、中国が戦う前に北朝鮮《きたちょうせん》に戦ってもらおうと思っていると思うんだな。文明実験として、韓国《かんこく》や日本、在日米軍、在韓米軍が、どの程度の戦い方をするか、実験してみたいと中国は思っとる。

――結局、北朝鮮は中国の盾《たて》であり、まあ、走狗《そうく》というわけか。「盾」という言い方もあるが、まあ、「中国を守っている」という言い方もある。

**金正日守護霊**　結局は、自国が利用されているだけだよ。

**金正日守護霊**　いや、うちも利用してるから一緒《いっしょ》だよ。

――それは滅亡への道だと思うが。

**金正日守護霊**　そんなことはない。中国という人口十三億の国家が控《ひか》えていて、次に世界制覇《せいは》を中国は目指しているわけだから、中国が天下統一をし、世界を統一したときには、うちは世界ナンバーツーの国になるんだよ。

――中国に裏切られると思うがね。

**金正日守護霊**　裏切らないねえ。中国は北朝鮮を強化して、アメリカの覇権《はけん》を終わらせようとしているから、実は、隠《かく》れた、二回目の冷戦が、今、始まっておるんだよ。かつてのソ連は敗れたけれどもね、次に、中国が、アメリカに、まあ、挑戦《ちょうせん》しているところで、だから、北朝鮮を潰す気なんかないよ。「北朝鮮をあくまでも援助して、三十八度線で止まった戦争を再開する」ということを考えています。

## 3　ミサイルは日本がいちばんパニックになるときを狙《ねら》って撃《う》つ

――ミサイルは、いつ日本に撃《う》ち込《こ》む？

金正日守護霊　日本に？　知りたいか。

――知りたいねえ。

金正日守護霊　「いつ」って言ったら、なんか、一回しか撃たないように聞こえるじゃないか。

――　テポドンは撃つのか。

金正日守護霊　まあ、日々、増産に励《はげ》んでいる。あなたがたが知らないだけで、北朝鮮《きたちょうせん》、中国、それから、パキスタン、イランと、四カ国連合が、連盟が、着実に進行しておるのだよ。知らんのは日本のマスコミだ。

――　七月に撃つのか。

金正日守護霊　七月中？　それは撃つよ。

――　選挙期間中にミサイルを撃つつもりはあるか。

金正日守護霊　それはあるよ。面白《おもしろ》いじゃないか。

――　それは、どういう意図で撃つのか。

**金正日守護霊**　どういう意図かって？　まあ、日本が困るだろうからね。

――　慌《あわ》てるということか。

**金正日守護霊**　そう、民主主義を否定してるのよ、われらは。いや、朝鮮民主主義人民共和国はいいが、日本・アメリカ型の民主主義は否定している。こういう民主主義は、間違《まちが》った民主主義である。

――　日本海へ撃つのか、それとも日本列島を飛び越《こ》すのか。

**金正日守護霊**　それは、あなた、極秘事項でしょうが。国家機密を、今、ただで訊《き》こうとしとるのか。

――　もちろん、ただで。

**金正日守護霊**　食糧援助《しょくりょうえんじょ》をしなさい、食糧を。

――　あげるものはない。

金正日守護霊　まあ、もうちょっとお世辞言ったら、言ってやってもええがなあ。

――　では、将軍様、いつ撃つんですか。

金正日守護霊　ん？　まあ、将軍様としか言わんのか。言葉がちょっと足りんなあ。

――　まあ、あなたに、そんなに媚《こ》びを売るつもりはないが。

金正日守護霊　まあ、わしらが考えることはだなあ、要するに、日本がいちばんパニックするときを狙《ねら》っているわけだ。

――　それは、いつ？

金正日守護霊　え？　いつ？　政府がいちばん困るときだよ。

――　選挙中は？

金正日守護霊　それは濃厚《のうこう》だの。

## 4 北朝鮮《きたちょうせん》の味方をしてくれる〝朝日《ちょうにち》新聞〟はありがたい

――それで、何を目的としている？

金正日守護霊　目的？　要するに、日本を恐怖《きょうふ》の支配下に置く。

――日本が、それに対して右翼化《うよくか》するとは思わないのか。

金正日守護霊　全然。この国には、もう、六十何年、全然、そんな気配はない。何しろ、われわれのスパイが、この国を牛耳《ぎゅうじ》っておるでね。

――日本の左翼思想があるから、ミサイルを撃《う》ち込《こ》んでも大丈夫《だいじょうぶ》と？

金正日守護霊　そう、左翼思想が北朝鮮《きたちょうせん》と中国を守ってきたんじゃないか。その勢力が、今、この国を乗っ取って牛耳ろうとしているんだろ。まさしく、今、北朝鮮の支配する国になろうとしているんじゃないか。

――その左翼思想があるから、ミサイルを撃つ自信があるんだな。

**金正日守護霊** というか、日本は社会主義の国じゃないのか。よく自民党のタカ派が変なことを言っているだけで、もともと社会主義国だと、わしは理解しておる。

――そうすると、日本のマスコミの動きは非常にありがたいということ?

**金正日守護霊** 〝朝日《ちょうにち》新聞〟のことか。

――そうだね。

**金正日守護霊** それは〝朝日《ちょうにち》新聞〟はありがたいよ。北朝鮮の味方を、いつもしてくれる。これが日本のナンバーワンの新聞なんだろ。

――産経はどう?

**金正日守護霊** 産経なんてのは、あんなの、くずだ。

## 5　わしらの〝部下〟が日本の政権を取ろうとしておる

――日本の政治家をどう思うか。

**金正日守護霊**　ぼんくらばっかりだね。

――嫌《いや》な政治家はいるか。

**金正日守護霊**　いないね。嫌な政治家ねえ、もう、みんな腰抜《こしぬ》けなんじゃないか。わしと対抗《たいこう》できるような政治家が日本にいるとは思えんなあ。自民党にはいないし、民主党、共産党、社民党、まあ、これらはみんな、わしらの〝部下〟だから、部下が政権を取ろうとしておるんで、応援《おうえん》は、まあ、するわ。自民党で、わしと戦えるようなのは、まあ、安倍《あべ》がちょっとやろうとしたが、あんな腰抜けでは、まあ、話にならんわなあ。腰抜け侍《ざむらい》。

麻生《あそう》は、もうちょっと強いかと思ったが、まあ、「マンガしか読んどらん」ということで駄目《だめ》だな。わしは、マンガに、アニメに、映画まで観《み》ておるぞ。

――麻生も鳩山《はとやま》も与《くみ》しやすいということか。

**金正日守護霊**　まあ、そりゃ、わしの力に比べりゃ、百分の一しかないだろう。

――公明党はどう思う？

**金正日守護霊**　公明か。まあ、公明も仲間だな、どっちか言えばな。在日の支援をずいぶんしてくれるので助かっとるよ。在日のわれらが先兵たちに選挙権を与《あた》えようとして頑張《がんば》ってくれているのでなあ。ありがたいなあ。しっかり、国家公務員のなかに、うちのスパイを入れたいもんだ。

――幸福実現党はどう？

**金正日守護霊**　うーん、幸福実現党？　なんだ、それ。

――幸福の科学がつくった政党だが。

**金正日守護霊**　うーん、うーん、知らんなあ。

――大川きょう子党首は、「北朝鮮《きたちょうせん》が日本にミサイルを撃《う》とうとしたら、正当防衛の範囲《はんい》でミサイル基地を敵地先制爆撃《ばくげき》する」と言っている。

**金正日守護霊**　なに言ってるんだよ。まあ、自分がさらわれないように気をつけたほうがいいよ。

――幸福実現党が政権を取ったら、金正日を生け捕《ど》りに……。

**金正日守護霊**　いや、その反対で、そっちをさらうほうが先だよ。われらには、日本に潜伏《せんぷく》している部隊がだいぶいるんだよ。そんな、反対だよ。わしをさらうなんてのは、米軍でも、できるわけがないじゃないか。そのために、あらゆる手を打っておるんだから、そんなことができるわけがないわ。

だから、北朝鮮を先制攻撃《こうげき》するなんてぬかすんだったら、もう、自衛隊のなかにでもかくまってもらわないかぎり、そんな言葉、吐《は》けるはずがない。自衛隊のなかの地下倉庫にでも隠《かく》れるしかないわな。東京都内に住んでいて、そんなこと言ってたら、まあ、自分が失踪《しっそう》するぐらいのことだよ。拉致《らち》されるよ。反対だな。わしを拉致するどころか、自分が拉致されて、いなくなるわ。守りが、できてないだろ。ん？　人一人で引っさらえるよ。

だから、誰《だれ》も、われわれの悪口は言えないのさっ。（せせら笑う口調）

# 6

# 日本の金融《きんゆう》資産を奪《うば》って、北朝鮮《きたちょうせん》が世界第二の大国になる

――北朝鮮《きたちょうせん》の人民をどうしたいのか。

**金正日守護霊**　ん？　北朝鮮の人民？　いや、だから、「世界第二の大国になる」と言ってるでしょう。

――　北朝鮮が第二の大国になる？

**金正日守護霊**　そうだよ。中国が世界一になるわけだから、わしらは第二の大国になるんだよ。まあ、もちろん、韓国《かんこく》は併合《へいごう》するし、日本からは金融《きんゆう》資産を全部取るつもりでいるからの。だから、北朝鮮が第二の大国になるわけだよ。

――　金融資産を取るとは、どういうことだ。

**金正日守護霊**　日本は属国になるわけだから、日本のお金は、全部、北朝鮮のものになるよ。
わが国が核《かく》兵器を揃《そろ》えても、日本は憲法改正ができないから戦うことはできない。
はい、核兵器、揃えました。すべての都市を攻撃《こうげき》できます。十分以内に日本人を滅《ほろ》ぼすことができます。それから、どうするの？　それから核をつくり始めるんですか？　「つくり始める」と言って、国会で審議《しんぎ》しているうちに撃《う》ち込《こ》むよ。順番に潰《つぶ》していけばいいんですからね、ちょっと威嚇《いかく》して。そしたら、もう、お手上げでしょ。少なくとも……。

――　核を使うのは〝キチガイ〟だけどね。

金正日守護霊　いや、それは、あんたがたの思想であって、われわれは、そうではない。正しい帝国《ていこく》思想を弘《ひろ》めているだけだ。

かつて日本がやったことでしょ。自分らが「正しい」と思ってやったことでしょ。朝鮮民族がやって、いったい、どこが悪い。

――　核による被害《ひがい》が悲惨《ひさん》なのは知っているのか。

金正日守護霊　全然、悲惨なんて思ってないよ。正義は勝つ。

――　例えば、あなたの親族が核で死んだら、どう思うのか。

**金正日守護霊**　わたしの親族、関係ないでしょ。殺すのは日本人なんだから。

――核を使うことに抵抗《ていこう》はないのか。

**金正日守護霊**　日本人が朝鮮半島を三十五年も植民地化して、朝鮮民族を苦しめ、強制労働をさせ、戦争にも送って、いちばん危険な地帯で戦わせて、巨大《きょだい》な悪を犯《おか》した。

たかが十人や二十人、拉致《らち》したぐらいで、あんなに騒《さわ》ぐということ自体が、正義の観点から見て、間違《まちが》っているんだよ。だから、日本人の頭は、いかれている。あんたがたの正義は間違っている。

過去三十五年の植民地支配の反省からしたら、日本の金融財産をそのまま北朝鮮が奪《うば》ったところで、なんら悪いことではない。

――北朝鮮のインフラは日本がつくったんだがね。おたくは、その恩恵《おんけい》を受けているだろう。

**金正日守護霊**　いや、北朝鮮の人たちは苦しめられたよ、ずいぶんね、強制労働させられて。汚《きたな》い仕事は、全部、北朝鮮の人たちがやらされて、日本で炭坑掘《たんこうほ》らされたりねえ、いっぱいされたから、逆のことをやってみたいと思っているよ。あなたがたに、ミサイル基地の穴、掘らせてあげるよ。あなたなんか、いい指導者になれそうだから、ツルハシを振《ふ》るう人たちを指導させてあげよう。

## 7 偉大《いだい》な〝将軍様〟を戴《いただ》く北朝鮮《きたちょうせん》の人民は日本人より幸福

――あなたがたが政権を取ってから、国民がどれだけ粛清《しゅくせい》されたか。

金正日守護霊 知らないね。そんなもん。

――知らないほど殺しているのか。

**金正日守護霊**　まあ、知らないよ、そんなの。もう、下々《しもじも》のことは知らん。将軍様は、そんなこと気にしないんだよ。

――今、北朝鮮《きたちょうせん》の人民は幸福と思っているのか。

**金正日守護霊**　そりゃあ、やはり、偉大《いだい》な偉大な将軍様を戴《いただ》いているんだから、日本人よりは幸福だと思うなあ。

――飢《う》えて死んでいっても幸福と思うとは……。

**金正日守護霊**　そんなことは……。日本人なんか、あんな、頼《たよ》りない、悪口ばかり書かれている人を首相に持っている不幸がある。われらは、みんなから褒《ほ》め称《たた》えられる、偉大なる首領《しゅりょう》を戴いているわけであるし、そして、北朝鮮を、今、最高度に発展させて、先進国を恐怖《きょうふ》させるところまで科学技術は進化した。これは偉大なる実績である。

――あれで繁栄《はんえい》していると言えるのか。

金正日守護霊　そうです。日本は弾道《だんどう》ミサイルなんて持ってないじゃないか。

――　つくろうと思えば、すぐできる。

金正日守護霊　できないじゃないか。やってから言いなさい。こちらは、もうできている。

――　日本も、本気になれば、すぐにつくれる。科学技術は持っている。

金正日守護霊　こちらは、もうできているんですからね。こちらは、私が命令したら、十分以内には発射できますからねえ。ええ。もうまもなくやりますから。ええ。まあ、あなたがたが、熱い鉄板の上で〝猫踊《ねこおど》り〟をするところを見られるのが楽しみですよ。

――　北朝鮮には「信教の自由」や「言論の自由」はなくて、みんな苦しいのではないのか。

金正日守護霊　いや、「主体《チュチェ》思想」っていうのがあるし、主体的に国家を運営し、われらで自立して、われらで国を治め、われらの思想でもって世界を治めようとしておる。何ら問題がない。

**金正日守護霊**　――自由の価値がないじゃないか。

いやいや、主体《チュチェ》思想っていうのが、まあ、一つの宗教に代わるものであるのであって、われら人民はそれを非常に誇《ほこ》りに思っておるのである。

**金正日守護霊**　――裸《はだか》の王様だな。人民は苦しんでいるのが分からないのか。

苦しんでると思うのは、あんたの勝手だよ。わしゃ苦しんどらんからね。

**金正日守護霊**　――あなたはね。

おたくの王様は裸ではないのかい？

**金正日守護霊**　――あなたはクーデターが怖《こわ》いんじゃないか。

まあ、わしが核《かく》兵器を撃《う》ち続けるかぎりは起きないだろうな。

――後継者《こうけいしゃ》を三男にしているのは、どうしてか。

金正日守護霊　まあ、あれは勇気があるかな。

――　長男のほうは？

金正日守護霊　まあ、アホだわな。お人好しだ。

## 8　韓国《かんこく》は北朝鮮《きたちょうせん》が併合《へいごう》する

――　韓国《かんこく》に対しては、どうする。

金正日守護霊　韓国？　併合《へいごう》するよ。

――　どうやって併合する？

金正日守護霊　核《かく》ができたら、もう、それで終わりだよ。

――　在韓米軍があるけれども。

**金正日守護霊**　在韓米軍は、今、どんどん引いてるよ。死にたくないから逃《に》げてるんだよ。われらが怖《こわ》いんだよ。在韓米軍は、今、どんどん引いてますよ。グアムまで逃げていってるんだから、どれほどわれらが怖いか分かるでしょう。まあ、ソウルを落とすのは一時間もかからないからね。

――　韓国の李明博《イミョンバク》政権をどう思うか。

**金正日守護霊**　うん、まあ、前政権に比べれば、ちょっと骨があるよ。ちょっと骨はある。あるけどね、ただ、まあ、商売人だからね。元が商売人だから、まあ、われらの敵ではないな。

## 9 共和党政権は怖《こわ》かったが、オバマは手のひらに載《の》せているようなもの

――北朝鮮《きたちょうせん》にとって、いちばんしてほしくないこと、あなたの考えの妨害《ぼうがい》になるようなこと、あなたがいちばん恐《おそ》れていることは何か。

**金正日守護霊** まあ、それは、いちばん恐れているのは……。まあ、でも、いちばんの恐れは去ったよ。アメリカの共和党政権がいちばん恐ろしかったね。これは去ったな。

民主党政権になったんで、四年間は少なくとも安全だな。これは、四年間、やり放題ですよ。まあ、もう一期、八年やってくれると、もっとありがたいです。オバマに人気が出て政権取ってくれたっていうのは、ほんと

にありがたいね。これで脅威《きょうい》は去ったよ。基本的に脅威は去った。それで、ヒラリー・クリントンが国務長官なんだろ？　ヒラリーは、まあ、中国寄りだからね。そりゃ、ヒラリーは、まあ、中国と同盟結ぼうと思って考えているから、それだったら、われらが挟《はさ》み撃《う》ちにされるようなことはないな。うん。

――オバマは与《くみ》しやすいということか。

**金正日守護霊**　易しい。あれは、もう、手のひらに載《の》せてるようなもんだよ。お釈迦様《しゃかさま》の手のひらに載った孫悟空《そんごくう》だよ。

――いちばん嫌《いや》なのが強硬派《きょうこうは》だな。

**金正日守護霊**　だから、まあ、共和党のレーガンみたいなのが出てきたら、それは怖《こわ》かったと思うな。

――日本にもそういう政権が出ると怖いか。

金正日守護霊　まあ、今の日本で、それが過半数を取るなんてことは、ありえないだろう。選挙があるかぎりは無理だな。選挙がない国でなきゃ、そんなことは、なかなかできないよ。

――　そうすると、自民党政権だろうが民主党政権だろうが、全然怖くないということか。

金正日守護霊　怖くないね、全然。マスコミがあるかぎり大丈夫《だいじょうぶ》だ。

――　マスコミがあるかぎり大丈夫なのか。

金正日守護霊　日本にマスコミがあるかぎり大丈夫だ。わが国ではマスコミを完全に統制下に置いている。日本のマスコミは、全然、統制できないし、全部、左寄りがやっぱり強いからな。賢《かしこ》い人たちがみんな〝左〟を応援《おうえん》してくれるので、ほんとに助かるよ。

# 10 中国の胡錦濤《こきんとう》政権は上手に二枚舌を使っている

――国連について、どう思うか。

金正日守護霊　国連なんか、あんなもの、何の役にも立たないんじゃないの？　何にも。だって、あれ、韓国人《かんこくじん》じゃないか、国連事務総長やってるの。われらが敵だから、国連そのものが敵だよ。韓国人が事務総長やってるから、まあ、韓国をやっつけてやったら、国連やっつけたのと一緒《いっしょ》になるんじゃないか？

――中国の胡錦濤《こきんとう》政権をどう思うか。

金正日守護霊　うん、まあ、上手に二枚舌使ってるんじゃないか。うーん。

――もし中国が食糧《しょくりょう》や武器弾薬《だんやく》の陸路からの供給をストップしたら、どう思うか。

**金正日守護霊** いやあ、そんなことはないよ。中国自身がアメリカに勝てる戦力のめどが立つまで、そんなことはありえないね。そんなことはないよ。北朝鮮《きたちょうせん》が滅《ほろ》びるようなことがあったら、彼らが次にアメリカと戦わなければいけない危機がありうるんで、そういうことはない。

――核《かく》実験をするときやミサイルを撃《う》つときには、中国の許可を取っているのか。

**金正日守護霊** 当然、取ってます。

――中国は知っているんだな。

**金正日守護霊** 知っています。

――ロシアは？

**金正日守護霊** ロシアには言ってない。

――　ロシアとの関係は、今、どうなっているのか。

**金正日守護霊**　うーん、まあ、中立だな。

――　インドとは？

**金正日守護霊**　まあ、インドは仮想敵だな。

――　民主主義の国が仮想敵なんだな。

**金正日守護霊**　仮想敵というか、まあ、中国がインドを仮想敵にしているので、われらはパキスタンと結んでいる。
だから、あなたがたが止めようとしたってね、もう、核技術から、その他のいろんな援助《えんじょ》はパキスタンから入るし、まあ、ほかのところからも入ってくるんだよ。

## 11 北朝鮮《きたちょうせん》は韓国《かんこく》と日本を呑《の》み込《こ》み、中国は世界の覇権《はけん》を握《にぎ》る

――　船舶《せんぱく》の検査というのは嫌《いや》なのか。

金正日守護霊　まあ、いざとなれば、そりゃあ、いくらでも、ほかの方法はあるから、どうっていうことはないよ。中国船に乗せて動かしたら終わりでしょ。

――　万景峰《マンギョンボン》号を航行禁止にするとか、日本の制裁はどう思っているのか。

金正日守護霊　まあ、それは象徴的《しょうちょうてき》には嫌なことではあろうけれども。あれで、だいぶ現金運んでいたし、秋葉原の部品もだいぶ運んでいたからね。そういう意味で、直接的なルートが使いにくくなったところは、ちょっと嫌では

あるけれども、まあ、ほかの方法がないわけではないので。ええ。第三国、要するに、日本がマークしていないような国を使えば、できないことはないので、まあ、そんなに困りゃあしないよ。

――日本の政治家で北朝鮮《きたちょうせん》と通じている人がいるのか。

**金正日守護霊**　ああ、たくさんいるよ。そりゃ、左翼《さよく》系はほとんどいるし、与党《よとう》のなかにもいるよ。

――自民党にもいる？

**金正日守護霊**　ああ、当然いるよ。北朝鮮系の政治家いるよ。加藤紘一《かとうこういち》以下、たくさんいるよ。

――北朝鮮を将来、どういう国にしたいのか。

**金正日守護霊**　ですから、将来、韓国《かんこく》と日本を呑《の》み込《こ》みたいと。ここまでは北朝鮮の権限で、韓国と日本までは呑み込んで、中国は世界の覇権《はけん》を握《にぎ》ると。こういう協同関係を考えている。

——欧米諸国《おうべい》からは、かなり反発が出ると思うが。

金正日守護霊　いやあ、中国に勝てるわけがないでしょう、欧米が。

——じゃあ、あなたは中国を頼《たよ》っているんだな。

金正日守護霊　いや、中国が世界一の国になるわけだから。今までアメリカが超《ちょう》大国で、日本はアメリカの小判鮫《こばんざめ》でしょう？　だから、北朝鮮は、アメリカにとっての日本です。中国にとっての北朝鮮は、アメリカにとっての日本のことです。で、アメリカが衰退《すいたい》して中国の時代が来るので、中国に付いている北朝鮮には、今の日本と同じような繁栄《はんえい》が、これから、五十年、百年と続くわけです。

——では、あなたのこの体制がずっと続くと思っているのか。

金正日守護霊　ああ、当然ですよ。

――自分をキチガイだと思わないのか。

金正日守護霊　全然、思ってませんよ！　私ほど賢《かしこ》い人は、国のなかにいるわけないでしょ！　二代目にして、これだけの超大国をつくったんですから。

## 12　核《かく》ミサイルのボタンを押《お》すときに「良心の呵責《かしゃく》」などない

――あなたの一存で核《かく》ミサイルのボタンを押《お》すことができるのか。

金正日守護霊　そりゃあ、世界一勇気がある英雄《えいゆう》だからね。オバマ大統領なんて、あなた、核ミサイルのボタンのあるアタッシュケースを大統領はもらうんだけれども、あれ持って歩くの嫌《いや》がってるじゃないですか。卑怯《ひきょう》だからな。撃《う》つ自信もないんだ。ハハ。あんなの全然怖《こわ》くないよ。押せないよ。

――あなたは押す自信があるのか。

金正日守護霊　あるある。一秒で判断するよ。

――そのときに良心の呵責《かしゃく》は？

金正日守護霊　そんなもの、あるわけがないだろ。われらが正義なんだから。

――人間をどう思っているのか。

金正日守護霊　何言ってんだ。日本人は人間じゃないんだから。

――日本人は人間じゃない？

金正日守護霊　ああ、三十五年も植民地支配をしていて、〝人間づら〟しちゃあいけないよ。君たちには裁きが必要だ。

――日本を敵対視しているのか。

金正日守護霊　日本人には奴隷的拘束《どれいてきこうそく》を三十五年は受ける義務がある。

**金正日守護霊**　日本を嫌《きら》いなんだな。当然でしょう。好きな人が一人もいるわけがない。それが正義です。

**――**　韓国《かんこく》については？

**金正日守護霊**　韓国は洗脳されているんですよ。

**――**　同胞《どうほう》ではないのか。

**金正日守護霊**　カネでね、アメリカと日本のカネで洗脳されている。正義を捨ててカネを取ったんだ。だから、一度、制裁を加えてやる必要がある。正義に戻《もど》さなければいけない。

**――**　共産主義の国は貧乏《びんぼう》になり、発展しないという、客観的な……。

**金正日守護霊**　それは偏見《へんけん》だよ。ほんのちょっとの差だったんだよ。ソ連も工業的に発展したし、中国だって発展してるんだよ。アメリカが、ちょっとだけ、一歩先を進んだだけのことですよ。

レーガンていう、まあ、キチガイじみた指導者が出てきて、「スターウォーズ計画で宇宙から攻撃《こうげき》する」と言い出したんで、それで、お人好しのゴルバチョフが負けおったんでしょう？　だから、ゴルバチョフが出てこなければ負けてないよ。あんなお人好しが出てきたもんだから、負けちゃったんだよ。もっと強力なスターリンみたいのがいたら、負けてないですよ、共産主義は。

――　神や仏というものは信じていないのか。

**金正日守護霊**　ええ？　わしが神じゃ。

――　人の悲しみとか、そういうのは？　強制収容所に入っている人たちをどう思うか。

**金正日守護霊**　いやあ、それは、罪人だから、しかたがないでしょう。法による裁きですよ。

## 13　死よりも〝仕事〟をやり残すことのほうが不安

――　あなたは病気じゃないのか、今は。

**金正日守護霊**　ええ？

――　病気ではないのか。

**金正日守護霊**　何が病気だって言ってんだよ。

――　「倒《たお》れた」という噂《うわさ》を聞くが。

**金正日守護霊**　まあ、年取ったからね、ちょっとぐらいは、そりゃ、具合が悪くなるさ。

――　今、病院にいるのか。

**金正日守護霊**　いや、病院にはいないよ。まあ、悠々自適《ゆうゆうじてき》だな。

――　あなたの寿命《じゅみょう》は、どれくらいか。

**金正日守護霊**　それは、あなた、世界の人が惜《お》しんでいるから、そう簡単には死なないよ。

――　あと一年ぐらいで死ぬんじゃないかと……。

**金正日守護霊**　ああ、死なない、死なない。そりゃあ、もう、百まで生きる。

――　今、あなたは歩けるのか。

**金正日守護霊**　歩ける歩ける。

――　死に対して、不安はないのか。

**金正日守護霊**　うん？　いやあ、死に対して不安はないね。〝仕事〟をやり残すことが、やはり不安だね。

――　やり残すというと？

**金正日守護霊**　日本人に制裁を加えること。

## 14 ミサイルに核弾頭《かくだんとう》を付けたら陸地を撃《う》つ

――　核弾頭《かくだんとう》は、もうできているのか。

**金正日守護霊**　できています。

――　幾《いく》つできているのか。

**金正日守護霊**　まあ、いくらでもできる体制はできています。

――　今は幾つ持っているのか。

**金正日守護霊**　今？

――　そうだ。

**金正日守護霊**　まあ、実戦配備というかたちには、ちょっとかかるが、まあ、二百発ぐらいは撃てるような準備は、今、しています。

――それは準備だな。

金正日守護霊　ええ。

――すぐには撃てないだろう。

金正日守護霊　いや、撃てるよ、もう。だから、ミサイルいっぱい撃ってるでしょう。

――ミサイルに核弾頭は付いているのか。

金正日守護霊　だから、付けたら海に落とすわけにいかないでしょ。付けたら陸地を撃ちますよ。

――一年以内に核弾頭はつくれるか。

金正日守護霊　いや、もうできてます。

――撃てるものは持っているのか。

**金正日守護霊**　できてます。

――できている？

**金正日守護霊**　できてます。

――それは今日でも撃てるのか。

**金正日守護霊**　ええ、今日でも撃てます。

――では、日本に……。

**金正日守護霊**　だから、次は、それを付けたやつを撃ち込《こ》むときに、海へ撃ち込むバカはいないですから。

# 15　ミサイルを皇居に撃《う》ち込《こ》めば、日本人は衝撃《しょうげき》を受けるだろう

――　核弾頭《かくだんとう》付きのミサイルはともかく、今後、どこにミサイルを撃《う》ち込《こ》むつもりか。

**金正日守護霊**　そりゃあ、当然、人間が住んでる所でしょうが。

――　日本なら、東京、大阪、名古屋、九州などあるが、どこに撃つつもりか。

**金正日守護霊**　いちばん効果的な所に。

――　それは、どこか。

**金正日守護霊**　いちばん効果的だと思う所に。あなたがたが、いちばん嫌《いや》がる所。

――まあ、あなたは〝頭がいい人〟かもしれませんので、どこですかねえ?

**金正日守護霊**　皇居だね。

――皇居?

**金正日守護霊**　うん。日本の全システムを破壊《はかい》して貧乏《びんぼう》にしたんでは、取れるもんが取れないからね。だから、貧乏にする気はないんだよ。取れるものは、ごっそり取らなきゃいけないからね。だから皇居だよ。

――皇居にミサイルを撃ったら、何の……。

**金正日守護霊**　天皇陛下《てんのう》には死んでもらうね。そうしたら日本人は衝撃《しょうげき》を受けるだろうし、日本の国体は完全に崩《くず》れるだろう。この衝撃は大きいが、死ぬのは、わずかに皇族と宮内庁《くないちょう》の関係者だけであるから、日本経済は、全然、傷《いた》まないので、丸ごと頂けるけど、日本人は白旗を揚《あ》げるわけ。

――大阪とか名古屋とかには?

金正日守護霊　当然、考えてはいるよ。だけど、経済的に少しロスが出るのでね。できたら丸ごと乗っ取りたいので、なるべく傷めたくない。傷めずに取りたいとは思っているので、象徴的《しょうちょうてき》で、経済的にダメージがなく、日本人がいちばん恐怖《きょうふ》する所を狙《ねら》っている。命中精度がさらによくなれば、首相官邸《かんてい》も狙ってみます。

## 16　選挙中や「原爆《げんばく》の日」に撃《う》ち込《こ》めば効果的

――　先ほど、「選挙のときが、いちばん効果的」と言ったが。

金正日守護霊　うん。

――　本当に効果的か、選挙のときにミサイルを撃《う》つのは。

金正日守護霊　パニックは起きるだろうねえ。マスコミとかは、もう、パニック状態になるし、判断できる人がいなくなるでしょうな。

――　じゃあ、あなたは、いつも、「日本の選挙は、いつ行われる」ということを考えているのか。

金正日守護霊　知ってるよ。どの国のお役所がいつ休むかとか、そりゃあ、あらゆる情報を私は扱《あつか》っておりますから。

――　選挙は、いつごろだと予想しているのか。

金正日守護霊　え？　日本の選挙？

――　衆議院選挙。

金正日守護霊　ううん、まあ、まあ、まあ、お盆のころまでには終わるかもしれないな。

――　じゃあ、そのときに撃つ準備を進めているということか。

金正日守護霊　だから、広島、長崎の「原爆《げんばく》の日」あたりなんちゅうのは面白《おもしろ》いじゃないか。ええ。日本人が最も嫌《いや》がるときに撃ち込《こ》んでやったらいいと思うな。原爆で亡《な》くなった人たちを、みんなが弔《とむら》って、アメリカを恨《うら》んどるんだろ。

そのときぐらいに撃ち込んでやると、気持ちがいいなあ。

――それは、テポドンで撃つのか、ノドンで撃つのか。

**金正日守護霊** うーん、ま、中距離《ちゅうきょり》ミサイルで十分《じゅうぶん》かな。

――ノドンの動きは、アメリカに把握《はあく》されているのではないか。

**金正日守護霊** うん、でも、撃ち落とせないから大丈夫《だいじょうぶ》だよ。うん。

――イージス艦《かん》やパトリオットミサイルで撃ち落とせるのだが。

**金正日守護霊** そんなことはない。半分しか当たらないよ。寝《ね》てるから、みんな。二十四時間、監視《かんし》してくれてると思ってるのか。それ、誤解、誤解、誤解ですよ。二十四時間、起きてられる人、いないんですよ、世の中には。

## 17　ミサイルの命中精度は上がっている

――そのミサイルの命中精度は低いんじゃないのか。皇居を狙《ねら》っても、当たらないと思うが。

**金正日守護霊**　いや、この前に七発撃《う》ちましてですね、五発は同じ地点に落としたんですよ。それを見て、自信を強めています。あれだけの命中精度から見れば、皇居内に落とすぐらいの命中精度はあります。

――技術が進んだということか。

**金正日守護霊**　はい、進んだんです。それを、今回、実験しました。はい。七発のうち五発は同じ所に落ちました。

――それは皇居を撃つための練習だったと？

金正日守護霊　まあ、広さの話をしてるんです。「皇居ぐらいの広さの所には当てられるところまで精度は上がってる」ということです。もう一段、上がれば、首相官邸《かんてい》を狙って、首相官邸に落せるところまで行きます。

――しかし、残念ながら今はそれだけの命中精度はないと？

金正日守護霊　いや、当たるかもしれない。

――かもしれない？

金正日守護霊　かもしれないけど、それが何割当たるかは分からない。

――外れたら、東京の重要な経済拠点《きょてん》は……。

金正日守護霊　だから、お金には、あまり損害は与《あた》えたくないので、もらいたいので、逃《に》げたければ、銀行に逃げとくのが、いちばん安全だよ。銀行は、できるだけ外すようにしようとは努力している。

――　銀行だって、日本には数多くあるので、当たると思うが。

金正日守護霊　ああ、まあ、銀行の札束狙ってるからね。だから、あれ、もらわなきゃいけないね。

――　それだったら、日本に潜伏《せんぷく》している部隊を使えば済むじゃないか。

金正日守護霊　ええっ？　だから、まあ、核《かく》を一発撃ち込《こ》んだら、乗っ取れるよ、日本は。

――　乗っ取れないんじゃないか。

金正日守護霊　いや、次も撃つ……。

――　逆に日本が怒《おこ》るんじゃないか。

金正日守護霊　「次も撃つぞ」と言ったら、もう、それで乗っ取れるよ。

## 18 私は、毎週、居場所を替《か》え、ダミーも使っている

――いや、あなた、拉致《らち》されるよ。

金正日守護霊　いや、そんなことはない。無理、無理。私を拉致するなんて無理ですよ。

――あなた、今、どこにいるのか。

金正日守護霊　私を拉致するよりも、あなた、麻生《あそう》を拉致するほうが簡単ですよ。

――あなたは、今、どこに住んでいるのか。

金正日守護霊　それは言えませんよ。居場所を替えてますから。

――毎日、替えているのか。

金正日守護霊　毎日は替えてませんが、一週間に一回は替えてます。

――　ほう。警護は数多く付いているのか。

**金正日守護霊**　ええ、付いてますし、ええと、まあ、ダミーがいっぱい走っとりますから。

――　ダミーがいるのか。

**金正日守護霊**　ええ、だから、車を出すときには必ず三方向ぐらいには走っていますから、いつも。どれに乗っているか分からない。

――　核《かく》のボタンは、どこにあるのか。

**金正日守護霊**　え、核のボタン？　まあ、それは、どこにでもあるよ。うちはアメリカとは違《ちが》うので、アタッシュケース持っては歩いていないよ。誰《だれ》でも撃《う》てるようになっとるから。

――　誰でも撃てる？

**金正日守護霊**　ええ、それぞれの基地の司令官が、みんな発射できるようになっているよ、私の命令を聞けばね。

——　必ずあなたの命令は聞くのか。

金正日守護霊　ああ、そりゃ聞きますよ。

## 19　命令を録音してあるので、私が死んでも核《かく》は発射できる

——　あなたが死んだら、誰《だれ》が命令を出すのか。

金正日守護霊　私が死んだら？　序列は決めてありますよ、ちゃんと。ええ。

——　次は誰か。

金正日守護霊　まあ、だから、今、国防委員長代行にして三男を立てようとしてるんじゃ

ないですか。

――「三男を立てていい」って、みんな言ってるのか、周りの人は。

**金正日守護霊**　うーん、だから、実績をつくってるんじゃないですか。この前の七発を撃《う》ったのが三男ですから。

――三男が七発撃った？

**金正日守護霊**　ああ、そうです。

――今度、日本に撃つのも、三男が撃つのか。

**金正日守護霊**　いや、私が元気であれば、私が撃ちますよ。

――しかし、元気でもなさそうだが。夏を越《こ》えられるかね。

**金正日守護霊**　まあ、そう言ったって、あなた、ボクシングをするわけじゃないからね。

――夏は暑いよ。

金正日守護霊　命令、命令ですからね。「撃て」と言えば、それでいいんだから、寝てても言えるがな。うん。

――寝ててもいいと？　あなたは、ほぼ寝ている状態ということか。

金正日守護霊　うう、まあ、寝てて、万一のときにはだね、もう、録音してあるから、私の命令を。

――三男が流すのだな。

金正日守護霊　いやいや、三男じゃなくて、側近がスイッチを押せば、その、私の肉声のテープが、命令として流れるので、ミサイル基地から発射されます。

――なるほど。

金正日守護霊　だから、私が死んだって、核《かく》を発射できますよ。

## 20 米軍基地を攻撃《こうげき》されても、核《かく》戦争を避《さ》けたいオバマは反撃しない

――日本に向けてミサイルを撃《う》ったあと、どうするつもりか。

金正日守護霊　ええ、まあ、それは、様子を見てからにしますけれども、それで、どうするか。あと、米軍の動きを、やっぱり見て、米軍も動くと見たら、米軍基地も撃ちます。

――米軍も撃つのか。

金正日守護霊　撃ちます。

――反撃されることになる。

金正日守護霊　まず米軍基地を撃たなきゃ駄目《だめ》。

――　アメリカ人を殺すのか。

金正日守護霊　ええ、アメリカは、あのオバマがいるかぎり大丈夫《だいじょうぶ》です。ええ。

――　オバマは反撃しないのか。

金正日守護霊　しません。

――　オバマは、あなたがたの船を追跡《ついせき》していたが。

金正日守護霊　いや、追跡ぐらいはできるでしょうけど、彼は核《かく》戦争を絶対にしたくない。

――　あなたの居場所を見つけて、ピンポイントで撃つのではないか。

金正日守護霊　いや、しない、しない。彼は止《と》めるでしょうね。

――　止めると思うのか。

金正日守護霊　ええ。

――その確信は、どこから来るのか。

金正日守護霊　彼は、とにかく核戦争をしたくないからですよ。それを、自分の、大統領としての手柄《てがら》にしたいからね。

――核戦争をしないまでも、あなたと、あなたの三男を殺してしまえばいいのではないか。

金正日守護霊　うーん、まあ、それだけの力は米軍にはないよ。

だけど、まあ、要するにだね、「北朝鮮《きたちょうせん》と戦う」ということは、「中国と戦う」ということだということを、アメリカは知ってるんですよ。

そのために、今、中国がアメリカ国債《こくさい》を最大限に持ってるんです。中国が、これを一斉《いっせい》に売り払《はら》ったら、アメリカ経済はまた奈落《ならく》の底に沈《しず》んでいくんで、世界恐慌《きょうこう》が起きるんですよ。それを、今、アメリカはいちばん恐れている。だから、中国のご機嫌《きげん》を取っている。

中国は、戦略性があるから、アメリカ国債を、世界一、持っている。日本を超《こ》えたからね。だから、日本よりも中国が怖《こわ》いよ。中国が国債を叩《たた》き売れば、一日でアメリカは大暴落ですから。

## 21 中国とロシアが団結したら、アメリカだって手が出せない

金正日守護霊

――しかし、あなたが核《かく》を撃《う》ったら、世界の世論《よろん》は、あなたを許さない。中国は、それについていけないのではないか。

世界の世論ったって、まあ、韓国人《かんこくじん》をだね、君、韓国人を国連事務総長に据《す》える、こんな世界が、正しい世界だと思いますか。非常に偏向《へんこう》した正義だと私は思うね、韓国人を持ってくるっていうのは。この発想は許せないですよね。敵対国じゃないですか、うちの。

――　それはそうとしても、あなたは、「フセインと同じことになる」ということを考えないのか。

**金正日守護霊**　だから、日本は、脅《おど》されたら、次、国連に金を出さなくなるでしょうから、国連は、もう職員解雇《かいこ》ですよ。いいじゃないですか。

――　もともと、国連は機能しないと思っているが、アメリカは、アメリカ人が死んだら許さないだろう。

**金正日守護霊**　うーん、だけど、まあ、ロシアは、まだどっちに付くか分からないですからねえ。中国とロシアが団結したら、アメリカだって手が出せませんでしょうねえ。二つの大国と戦う気はないと思いますね。少なくともオバマ君にはないでしょうね。

## 22 日本人を拉致《らち》した所は日本への攻撃《こうげき》ルート

——核《かく》ミサイルを撃《う》ったあと、日本に侵攻《しんこう》する船舶《せんぱく》はないと思うが。

**金正日守護霊** いやいや、ありますよ。うん、ありますよ。船舶、持ってます。持ってますよ。ええ。日本の自衛艦《かん》より数多いはずです。

——日本の戦闘機《せんとうき》は優秀《ゆうしゅう》だ。

**金正日守護霊** いやあ、戦闘機は優秀かもしれませんけど、武器、持ってませんから。空対地ミサイル持ってません、日本は。だから、地上攻撃《こうげき》ができないし。ええ。

——では、陸軍を上陸させるのか。

**金正日守護霊** 当然。当然でしょ。

――どこから上陸するつもりか。

**金正日守護霊**　でも、まあ、韓国《かんこく》も狙《ねら》ってますので、同時侵攻をする可能性も高いです。韓国と日本とに同時侵攻をする可能性が高いですね。うん。韓国のソウルまで侵攻するのに一時間かからないですから。

――日本だったら、どこから？　島から攻《せ》めるのか。

**金正日守護霊**　ええ、まあ、そうですね、やっぱり、北九州と日本海岸ですね。そこに複数ルートで上陸を同時にかける。だから、拉致《らち》した所がみんな攻撃ルートなんです。拉致した所が攻撃ルートで、攻撃の練習ですので。

## 23　日本人は全員が拉致《らち》されても文句は言えない

――拉致《らち》された方々が、今、どうしているのか、日本国民は気にしているが、その辺の消息を、あなたは知っているのか。

**金正日守護霊** だから、いいじゃないか、もう。十人や二十人、生きていようが、死んでいようが、もう、数のうちに入ってないよ。私は、今、人の百万人ぐらい気にもしてないから。

――あなた、知らないのか。

**金正日守護霊** え、何が？

――その人たちの消息は。

**金正日守護霊** そんなのは、部下は報告するわけないでしょ。

――じゃあ、てきとうなことを言っていたのか、小泉首相に。

**金正日守護霊** だから、大国ですから、分からないんですよ、そんなことは。

――分からないけど、てきとうに言っておけばよかったと。

**金正日守護霊** てきとうも何も、将軍様に対して、そんな話題に触《ふ》れるということ自体が失礼ですよ。

**金正日守護霊**　拉致被害者《ひがいしゃ》の親族に何か言いたいことはあるか。

――被害者って、三十五年の植民地支配をしてて何を言うとるかね、君。

**金正日守護霊**　横田さん夫妻とかに何か一言《ひとこと》あるか。

――そんな小さな話、どうでもいいんだよ。

**金正日守護霊**　どうでもいいのか。

――個人じゃないですか。三十五年も人の国を支配しとって、そんな権利があると思っとるのか。あなたがたが全員拉致されたって、文句は言えない。

**金正日守護霊**　彼らに悪いなんて思っていないのだな。

――日本人全員に謝罪していただきたい。それが終わってない。

# 24 国民の餓死《がし》は物資を入れない国際社会のせい

――あなたは、飢餓《きが》で死んでいった北朝鮮《きたちょうせん》の人たちのことは知らないのか。

金正日守護霊　まあ、そういう人もいるだろう。これだけ軍に力を入れているから、まあ、一部、被害《ひがい》が出ても、そりゃ、仕方がないだろう。

――そういう人たちは、なぜ、あなたに、そんなことをされなくてはいけないのか。

金正日守護霊　私がしてるわけじゃなくて、国連とかが悪いんじゃないか。やつらが、貿易で食糧閉鎖《しょくりょうへいさ》をして、われらを飢《う》えさせようとして包囲しているから、こういうことになってるんだ。世界から物資が入ってたら、そんなもん、なってないんで、われらの国民を殺しとるのは国連だ！

――　あなたが兵隊ばかりつくるから、そうなるんじゃないか。

金正日守護霊　そういう考え方は非常に偏向《へんこう》してて、思想の自由を侵《おか》している。

――　いや、食糧をつくればいいんだ。

金正日守護霊　つくれても、貿易ができないようにされてるからね。だから、これ、君らが、過去、第二次世界大戦でやられたことを、やられてるわけですから、われらは。

君らだって暴発《ぼうはつ》したじゃないですか。ええ。欧米《おうべい》に戦いを挑《いど》んだでしょ。同じように、われわれもされてるんですから、食糧がなくて餓死してるのは私のせいじゃないですよ。国際社会のせいですから。物を入れないようにしてるんですから。

――　自国民が死んでいるのは知っているんだな。

金正日守護霊　いや、だから、国連を中心とする、「西側」と称《しょう》する、「西側デモクラシー」

と称する人たちが殺してるんです。やつらは許さないけど、その前に、まず日本と韓国《かんこく》がターゲットです。

――たった一発の核《かく》ミサイル分の費用で国民の飢えはなくなるのに、それを……。

**金正日守護霊**　そういう考え方自体が間違《まちが》ってる。優先度っていうものが、そりゃ、あるでしょ。核があったら日本を乗っ取れるんですよ、君。

――そのうちに、人がどんどん死んでいくではないか。

**金正日守護霊**　いや、また産んだらいいじゃないですか。食糧が増えりゃ産めますよ。日本人が次は〝朝鮮人〟になるんですから、いいじゃないですか。あなたがたを、奴隷《どれい》階級に、みんなしてあげるから。ああ。だから、アメリカが黒人をアフリカから連れてきたように、日本人を黒人代わりに奴隷として使ってあげますから、国力が増加する。

――では、人を物と思っているのか。

金正日守護霊　物となんか思ってません。労働力と思ってますよ。

## 25 自分が霊《れい》であることを分かっていない「金正日の守護霊」

――あなた、霊《れい》を信じるか。

金正日守護霊　えっ？

――霊があるのは信じるか。あなたは霊か。

金正日守護霊　うう、ま、よく分からない。何を言ってるんだか、分からないな。

――あなたは昔どこに生まれたか。

金正日守護霊　あ？

――　あなたは昔どこに生まれたか。

金正日守護霊　私は将軍だから、将軍様だよ。

――　その前に、どこかに生まれてたのではないのか。

金正日守護霊　は？

――　あなたは、どういう存在なのか。

金正日守護霊　将軍様だよ。

――　今、北朝鮮《きたちょうせん》に生きている本人がいるが、あなたの存在は何か。

金正日守護霊　いや、私だよ。

――　それは霊ではないのか。

金正日守護霊　え？　いや、よく分からないが、わしゃ金正日だ。

――昔どこかに生まれた記憶《きおく》はないのか。

**金正日守護霊**　何ですか、それは。よく分からない。言いたいことが分からない。分からない。言ってる意味が分からない。

――はい、それでは、帰ってください。

# 第2章

# 鳩山由紀夫《はとやまゆきお》守護霊の霊言

二〇〇九年七月八日収録

## 1　私は北朝鮮《きたちょうせん》の友情を信じる

――　金正日《キムジョンイル》は、核《かく》ミサイルを撃《う》つことに躊躇《ちゅうちょ》しないような人ですが、あなたはそれでも友愛外交を続けますか。

鳩山守護霊　ええ。日本も悪いことをいっぱいしてきましたからね。許しを乞《こ》わなければいけません。

――　日本国民を守る意志はないんですか。

鳩山守護霊　それはありますけども、それは、ま、国際市民としての立場で、やはり、協調していくことは大事でしょうね。

――　あれだけ、ミサイルを撃ったり、核実験をしたりしているんですから、もし民主党が政権を取った場合には、あなたは、どう行動するんですか。

**鳩山守護霊**　まさか、本気で日本を狙《ねら》ってくるとは思わないので、対策は要《い》らないんじゃないですか。まあ、威嚇《いかく》しているだけでしょう。

――　政治家には国民の生命を守る義務があるのですから、その「まさか」にも備える必要があるのではないですか。

**鳩山守護霊**　万一のときは、それは自衛隊と米軍が何とかするでしょうよ。

――　その自衛隊が、今、憲法や自衛隊法の縛《しば》りがあって、なかなか動けない。

**鳩山守護霊**　まあ、そう言っても、動いてるじゃないですか。

――　あなたには自衛隊を動かす意志があるんですか。

**鳩山守護霊**　自衛隊は勝手に動くでしょう。

――　いや、もし、民主党が政権を取って、あなたが最高司令官になったら、あなたの意志ですべてが決まるんですよ。

鳩山守護霊　自衛隊が「動きたい」と言ってきたら、まあ、「好きにしたらいい」と言いますよ。

――　あなたは決断する立場です。

鳩山守護霊　いやあ、私は命令は出しませんよ。

――　あなたが命令を出さなかったら、自衛隊は動きません。

鳩山守護霊　いや、「出してくれ」と言ってきたら、まあ、仕方ない状況《じょうきょう》ができたときだけハンコを押《お》します。

――　積極的に国民を守ろうとはしないんですか。

鳩山守護霊　ああ、そんな気はありません。そりゃあ、もう仲間ですから。

――　仲間？

鳩山守護霊　うん。アジアの同胞《どうほう》ですから。

――北朝鮮《きたちょうせん》が？

鳩山守護霊　ああ、友情を信じます。

――それは、お人好しすぎませんか。

鳩山守護霊　いいえ、友愛外交って、そういうことですよ。

――日本が、それで危機にさらされることを、どう思いますか。

鳩山守護霊　どうして危機にさらされるんでしょうか。だって、威嚇しているだけでしょ。国力をつけようとして、ミサイル実験して、人工衛星の実験をして、えー、いいじゃないですか。核兵器だって、持っている国、たくさんあるんですから、先進国の仲間入りしたくて、北朝鮮は頑張《がんば》ってるんでしょ。別に、いいじゃないですか。「日本はならない」って言ってるんでしょ。日本の勝手じゃないですか。

## 2 日本にミサイルが落ちてきたら防衛を考える

―― 核《かく》のボタンを押《お》すことについては、アメリカにはセキュリティがありますが……。

鳩山守護霊 アメリカだって、もう、いっぱい人を殺してきたじゃないですか。アメリカが、いったい何百万人、殺したんですか。アメリカが殺したんですから、北朝鮮《きたちょうせん》だって、殺す資格はありますよ。

―― 日本人が死んでもいいんですか。

鳩山守護霊 私の任期中に死ななきゃいいですよ。

―― 金正日の守護霊は、さっき、ミサイルをもうすぐ日本に撃《う》ち込《こ》むって言ってましたよ。

**鳩山守護霊**　そんな、脅《おど》しでしょ。

――　いや、本当に撃ち込むそうです。

**鳩山守護霊**　私は撃ち込まれるまで信じませんね。

――　キチガイだったら、撃つ可能性があるかもしれませんよ。

**鳩山守護霊**　まあ、日本に落ちてきたら、そのあとは考えますよ。

――　政治家には、国民の生命でギャンブルをしてほしくないですね。

**鳩山守護霊**　まあ、そういうこと言って、やっぱり、あんまり軍国主義化するのは、よくないんじゃないですか。起きてもいないことを前提にして、日本を軍国主義化して、戦争に引きずり込んでいくっていうのは、やっぱり、術中《じゅっちゅう》にはまっていって、日本の国を危機にさらすんじゃないですか。

――　じゃあ、人が死んでからは、いいということですか。

鳩山守護霊　まあ、それから防衛っていうことは考えなければいけないですよね。だけど、あなたがた幸福実現党の資料を読んでみたら、なんか、北朝鮮や中国との戦争をしそうで、危なくて見てられませんよ。まあ、そういう右翼《うよく》がメジャーを取ることはないでしょうけどね。

――「国を守る」ということは政治家の使命だと思いますが。

鳩山守護霊　いや、もう守られてるんじゃないですか。もう、十分、六十何年守られてきて、平和を満喫《まんきつ》してきましたよ。「このままの状態を維持《いじ》したい」と言っているだけですから。

## 3　北朝鮮《きたちょうせん》よりもアメリカのほうが悪い

――アメリカが、今、衰退《すいたい》してきて、北朝鮮《きたちょうせん》や中国に対して……。

鳩山守護霊　衰退《すいたい》してませんよ。アメリカは発展しているんですよ。核《かく》軍縮を精力的に進めているんですから。われらも、その流れに乗って、日本も民主党政権にして、アメリカと一緒《いっしょ》に世界の核軍縮を推《お》し進めていく。そのなかにおいて、金正日《キムジョンイル》も考えを改めて、「じゃあ、われらも核はやめようか」と言ってくれれば、それで終わりじゃないですか。

――　そういうお人好しの考えで国防をするということですね。

鳩山守護霊　ですから、「オバマについていく」って言っているんで、これは世界の流れでしょ。あなたがたは世界の流れに反しようとしている。

――　相手が強盗《ごうとう》であっても、「信じます」ということですね。

鳩山守護霊　強盗って、一国の指導者に対して、それはないでしょう。

――　北朝鮮は、今までの拉致《らち》問題などを見れば、国家をあげての誘拐犯《ゆうかいはん》ですよ。

鳩山守護霊　国内だって、まあ、誘拐はあるんですからね。

――それに対しては、警察があって、罪を問いますよね。

鳩山守護霊　相手は国家ですから。そう言っても、仕方がないでしょう。軍事演習でやったんでしょ。まあ、拉致しても、殺したわけじゃないんで。アメリカ軍なんて、直接、殺すんですから。もっと悪質でしょ。

――そうすると、あなたは、北朝鮮よりアメリカのほうが悪いと思っているんですか。

鳩山守護霊　そりゃあ、悪いですよ。アメリカは、もう、ベトナム戦争、それから、その前の朝鮮戦争もそうだし、日本だっていっぱい殺されましたし、アメリカのおかげで世界の人がどれだけ死んだと思ってるんですか。あんな、覇《は》権《けん》主義の帝国《ていこく》主義、許しちゃいけないですよ。

――そうすると、左翼《さよく》の台頭を許してよかったんですか。

鳩山守護霊　左翼は平和勢力ですから。

鳩山守護霊　――では、以前のソ連がもっと大きくなったり、中国が大きくなったりして、すべてが左翼勢力になれば、世界は平和になるというわけですか。

ああ、そりゃあ、中国の核の傘《かさ》のなかに入ったらいいでしょう。

## 4　左翼《さよく》勢力の国が粛清《しゅくせい》を行った証拠《しょうこ》はない

――でも、その左翼《さよく》勢力は、粛清《しゅくせい》で戦争よりも多く人を殺しています、何千万人も。

鳩山守護霊　そんなの噂《うわさ》ですよ。証拠《しょうこ》はない。

――スターリンは殺していないんですか。

鳩山守護霊　証拠がない。

――ポル・ポトも殺していない？

鳩山守護霊　証拠は……。まあ、骸骨《がいこつ》はちょっとあるかな。

――　骸骨は証拠ではないんですか。

鳩山守護霊　誰《だれ》の骸骨か分からない。

――　それは証拠じゃない？

鳩山守護霊　まあ、はっきりしないことは、やっぱり、言っちゃいけないですよ、政治家というものは。

――　南京大虐殺《ナンキンだいぎゃくさつ》は、はっきりしていませんが、あれはどうですか。

鳩山守護霊　いやあ、それはやったんじゃないですか。

――　それも証拠がないですけど。

鳩山守護霊　だけど、向こうがそう言っているから、やったんでしょうよ。

――　あなたの論法で言うと、政治家は、そういうはっきりしないことは、言ってはいけないいんじゃないですか。

鳩山守護霊　そう言ったって、向こう、目撃者《もくげきしゃ》だっていっぱいいる。生きている人が言っているんですから。

――粛清も文化大革命も目撃者がいますけど。

鳩山守護霊　まあ、でも、数字は、はっきりしませんからね。

――どちらも、数字は、はっきりしていませんがね。

鳩山守護霊　まあ、はっきりしないことを議論するのは、意味がないことだから。われわれは、「オバマ政権の流れについていくことが、世界のメインストリームだ」と、今、考えているので、「民主党政権ができる」ということが、日本が世界の流れについていくことであって、アメリカ国内でも否定された勢力のほうに、もう一回、逆流させることは間違《まちが》いである。こう考えています。

私が首相になることによって、日本は、国際社会の一員として、しかるべき地位を占《し》めることができる。こう考えています。

## 5 先行きは「米・中・日」の三国同盟しかない

――あなたは日本に社会主義を打ち立てたいんですか。

**鳩山守護霊** 私は社会主義者ではありません。リベラルです。

――どう違《ちが》うんですか。

**鳩山守護霊** え？ リベラルっていうのはですね、まあ、人権を重視する自由主義ですよ。

――拉致《らち》問題は人権蹂躙《じゅうりん》ですけど。

**鳩山守護霊** まあ、それについては、逆に、国家対国家の大きな問題がありますので。私が言ってる人権は、もうちょっと、平和裡《り》における人間関係のことですよ。

――人権を最大に蹂躙している北朝鮮《きたちょうせん》に対しては、どう思いますか。

**鳩山守護霊**　蹂躙してるかどうか、証拠がないんでね。

――北朝鮮は自由主義ですか。

**鳩山守護霊**　いや、「民主主義」って名乗ってますよね。

――あなたが理想としている自由主義に近いんですか。

**鳩山守護霊**　いやー、そうは言いませんけどもねえ。そうは思っておりませんけども、先の大戦でたいへん迷惑《めいわく》かけたので、まあ、アジアの諸国とは仲良くしなくてはいけないというふうに思ってますよ。

――アメリカは？

**鳩山守護霊**　アメリカは帝国《ていこく》主義の国ですね。

――では、今の世界に自由主義の国はあるんですか。

鳩山守護霊　んー、そうですねえ、まあ、名乗るのは勝手ですけどもねえ。だから、北朝鮮は自由主義じゃないんですか。まあ、金正日の自由にできるんですからねえ。

――　それは、あなたが理想とする自由主義なんですか。

鳩山守護霊　いやあ、そうじゃないですけど、冗談《じょうだん》で言ったんですけどもね。日本は、あんまり自由じゃないですね。不自由ですよ、ほんとに。好きなようにならないですからねえ。

――　どのような国が、あなたの理想ですか。

鳩山守護霊　そうですねえ、中国が、今、多少、経済力もつけて、まあ、いい国になってきたんじゃないですかね。

――　日本よりいい？

鳩山守護霊　「日本よりいい」というよりも、まあ、先行きは、もう、あれじゃないですか、「米・中・日」の三国同盟でやるしかないんじゃないですか。

## 6 「鳩山兄弟で連立政権をつくる」という密約

――　民主党が政権公約を出しましたが、財源として約十七兆円足りないですよね。やはり無責任じゃないですか。

**鳩山守護霊**　んー、そうですね、まあ、政権を取ってから考えますけど、公務員を多少削減《さくげん》したり、ばらまきをやめさせること等で、対処していくしかないですねえ。

私は、コンクリートを否定して、「コンクリートより人の命を」と言っていますので、社会保障のほうは削《けず》れませんけども、公共投資のほうは、もう大幅《おおはば》にカットしてしまうつもりです。まあ、公共投資のほうを削ってしまえば、けっこう財源は出るんじゃないですか。

――今、「公務員を削減する」と言いましたが、おたくには労働組合がついていますよね。

**鳩山守護霊**　その辺は、ちょっと難しいところなんで、上手にやらなきゃいけないですけどね。まあ、そのための用心として、弟のほうに、自民党を割るように指示はしてあります。自民党を割って、自民党左派を連れて、連立できるような体制を、今、水面下では話し合っています。

――じゃあ、あれは、あなたと弟さんの……。

**鳩山守護霊**　ええ、鳩山連立政権を目指していますよ。

――裏でつながっているわけですね。

**鳩山守護霊**　そうですよ。つながってますねえ。鳩山連立政権で、自民党左派と民主党が連立して、労働組合のほうが、あんまりクビ切りに反対するようでしたら、ここのところをちょっと切るつもりでいます。

――麻生《あそう》さんを騙《だま》したのは、逆に弟さんのほう……。

**鳩山守護霊**　そうです。元から、そのつもりです。

――確信犯ですか。

**鳩山守護霊**　確信犯です。はい、そうです。

――麻生さんを立てていたのも、元から、そのつもりだったんですか。

**鳩山守護霊**　いや、そうではなかったかもしれませんけれども、まあ、「兄貴を総理にしてやりたい」という、兄弟愛は持っているようですよ。

――「白い鳩と黒い鳩がいる」とか言っていましたね。

**鳩山守護霊**　まあ、私の次は向こうが総理をするんでしょう。「交代で総理をする」という約束をしてるんで。

――そういう約束があるんですか。

鳩山守護霊　密約ですので。

――それじゃあ、すでに、あなたは見切られているということですね。

鳩山守護霊　いやいや、私がまず総理をします。

――でも、最近、テレビにも出ていないじゃないですか。

鳩山守護霊　いや、私は応援《おうえん》に忙《いそが》しいだけですから。

## 7　私は何もしなくても当選する

――政治資金の問題で捕《つか》まるんじゃないですか。

鳩山守護霊　いやあ、しばらくしたら、みんな忘れるんじゃないですか。

――忘れちゃうんですか。

**鳩山守護霊**　自民党にも、いっぱい危険な人はいるんですから。選挙さえしてしまって、うちが勝ったら、逆に自民党の議員が捕まる番ですので。

――勝ったら検察にリークするわけですね。

**鳩山守護霊**　ええ。そうしたら、向こうのほうを逮捕《たいほ》させますので、ええ。向こうを追い詰《つ》めます。

――じゃあ、選挙を早くしなければいけませんね。

**鳩山守護霊**　早くしたい。早くしたい。早く選挙しなくちゃいけないです。そのとおりです。

――だけど、室蘭《むろらん》や苫小牧《とまこまい》で、幸福実現党の立候補予定者に劣勢《れっせい》なんじゃないんですか。

**鳩山守護霊**　あんたがた、それは間違《まちが》いですよ。「自民党に勝つ」と言われている民主党の党首が劣勢なわけはないでしょう。それは内部情報であって、あんたがたも北朝鮮《きたちょうせん》みたいなものですから、教団自体が。内部の情報っていうのは、それほど狂《くる》ってるんですよ。

―― 里村英一《さとむらえいいち》候補の挑戦状《ちょうせんじょう》は受け取りましたか。

**鳩山守護霊** そんなもん、知りません。

―― 知らないんですか。

**鳩山守護霊** 知りません。そんなもん、相手にもしてませんよ。

―― 里村が怖《こわ》いんじゃないですか。

**鳩山守護霊** 全然、歯牙《しが》にもかけてません。

―― 彼のことが苦手だと言っていたのではありませんか。

**鳩山守護霊** 全然、歯牙にもかけてない。まあ、私の得票の一割も取れたら大したもんですよ。

――あなたはそれだけの人気があると。

鳩山守護霊　ええ。

――あなたの事務所には、もう閑古鳥《かんこどり》が鳴いているという話もありますが。

鳩山守護霊　そんなことないですよ。もう、何もしなくても当選すると、みんな信じてますよ。

## 8　政権交代以外のビジョンは何もない

――将来、消費税をどうしますか。

鳩山守護霊　消費税？　ま、私の代では上げませんよ。

――四年間は凍結《とうけつ》したとして、その後《ご》は、どうするんですか。

鳩山守護霊　弟が上げるでしょうよ。

――増税の肚《はら》ですね。

鳩山守護霊　ま、弟が上げるでしょうよ。四年間は上げません。私が四年ぐらい総理をしますから。

――その間《あいだ》は扱《あつか》わないと。

鳩山守護霊　そうです。その次、弟が交代で総理をするでしょうから。

――あなたには、国家経営について、何かビジョンはあるんですか。どのようにしたいんですか。

鳩山守護霊　ビジョンですか。

――日本をどんな国にしたいんですか。

鳩山守護霊　そうですねえ。ビジョンは政権交代だけです。あとは何もありません。

――それでは小沢一郎《おざわいちろう》と同じですね。

**鳩山守護霊**　そうですね。

――　壊《こわ》すだけですか。

**鳩山守護霊**　いやあ、やっぱり、「替《か》わる」ということ自体が民主主義じゃないんですか。

――　替わって、どうしたいんですか。日本を発展させたいとは思っていないんですか。

**鳩山守護霊**　いやあ、とにかく、まあ、とりあえず、惰性《だせい》で、慣性でやってることを見直す機会はあるでしょう。政権交代によって、今まで当然できたことを、できなくなることはあるから。それから、まあ、見直しをかけますよ。まず、今は政権奪取《だっしゅ》が目的です。

――　民主党はまとまりますかね。

**鳩山守護霊**　もう、すでにまとまってますよ。もう、勝ち馬に乗って、みんな一気に……。

――今だけなんじゃないでしょうか。考え方はバラバラですよね。

鳩山守護霊　もう、それは、勝った人は、みんなに強い支持を受けるでしょう。

――防衛問題一つを取っても、みんな意見はバラバラじゃないですか。

鳩山守護霊　まあ、そうですけど。まあ、実際に戦争が起きなければ問題ないでしょう。

――マニフェストに載《の》せなかったのも、バラバラだったからじゃないんですか。

鳩山守護霊　まあ、そうですね。まとめられませんね。
あと、今、野党連合を考えてますので、ほかの野党が乗れないマニフェストをつくったら、連立できませんのでね。いちおう、社民党や共産党や、その他との連立も考えて、載せたくないっていうことですね。

――では、国防については、もう安全だということですか。

鳩山守護霊　だから、国際社会に委《ゆだ》ねます。

委ねるわけですか。

鳩山守護霊　それが憲法の精神ですから。

――　それは国連主義ということですか。

鳩山守護霊　まあね。いちおう、そうですね。ただ、正当防衛の範囲内での、まあ、自衛権は、私も認めてますので。

――　民主党のなかには、それを認めていない人たちもいますよね。

鳩山守護霊　そうですけど、まあ、緊急事態《きんきゅうじたい》になったら、それなりのことはしますよ、ちゃんと。

――　元社会党系の人たちは、しないんじゃないですか。

鳩山守護霊　えー、まあ、そういう人もいるかもしれませんけれども、まあ、それは、あのー、大権を委ねられたら、することはしますよ。ええ。ハトヤマと言われても、けっこう、タカ派のところもあるんですよ、うん。うん。

## 9　私は過去世《かこぜ》において、宮中で歌を詠《よ》んでいた

――　ところで、あなたの過去世《かこぜ》は誰《だれ》ですか。

**鳩山守護霊**　私？　私は宇宙人ですよ。（笑）

――　霊的《れいてき》なことは知らないんですか。魂《たましい》とか。

**鳩山守護霊**　え？　魂？

――　あの世があるということが分かりませんか。死んだら、どうなりますか。

**鳩山守護霊**　死んだら？　んー、何だろうな。

――　あなたは誰だったんですか。

**鳩山守護霊**　え？

――　昔、どこかに生まれていませんでしたか。

**鳩山守護霊**　私ですか。

――　はい。

**鳩山守護霊**　私は……。

――　覚えていないんですか。

**鳩山守護霊**　こんなこと、訊《き》かれたことないなあ。私は誰なんだろう。

――　誰なんですか。

**鳩山守護霊**　私は鳩山由紀夫です。

――　その前は誰だったんですか。

**鳩山守護霊**　鳩山由紀夫ですが……。その前ですか？　鳩山由紀夫だったと思ったんですけど、その前があるんですかねえ。

――　あなたは、今、どんな格好をしていますか。

鳩山守護霊　は？

――　あなたの姿は。

鳩山守護霊　んー、何か烏帽子《えぼし》のようなものをつけてますが。

――　現代人で、そんな人はいないですよね。

鳩山守護霊　ああ、そうですか。烏帽子をかぶって……。着物、いや、何だろう、蚊帳《かや》の透《す》けたような、こういう、手の下に、長い、こう……。

――　貴族ですね。

鳩山守護霊　ひもがあるような……。で、こんなものを、こう持っているから……。これは何でしょうね。歴史では、こんなのは貴族と呼んでいるんですかね。

――　あなたは、そんな格好をして現代に生きているんですか。

**鳩山守護霊**　ああ、そうです。

――　変じゃないですか。

**鳩山守護霊**　いや、説明を受けてないので分からない。

――　あなたは、それを自分で選んで着たんじゃないですか。

**鳩山守護霊**　は？　いやー、よく分からないです、その辺の仕組みは。ちょっと鳩山家の教えにないんで。

――　ほかの名前は何と呼ばれているんですか。

**鳩山守護霊**　え？

――　ほかの名前は何か。

**鳩山守護霊**　ほかの名前？　いや、鳩山ですよ。

――　それ以外に。

鳩山守護霊　えー、しょう、しょう、しょうさんみ、正三位《しょうさんみ》、正三位何とか、でしたね。そういえば、そんなことを言ってた……。

――それは位《くらい》ですね。

鳩山守護霊　そう、ですね。正三位の、正三位の、藤原《ふじわら》と言いましたかねえ。

――藤原？

鳩山守護霊　藤原の、んー、藤原の、定家《ていか》の親戚《しんせき》の誰かでした。

――定家の親戚ですか。あまり有名ではない人ですか。

鳩山守護霊　いやー、宮中には上がっていましたからねえ。文化人なんです。

――文化人なんですか。

鳩山守護霊　うん。文化人ですから。私の歌は遺《のこ》っているかもしれないですねえ。うん。藤原と言っていました。

――今回は政治家になりましたが、政治家には向いていないのではないですか。

鳩山守護霊　いやあ、昔も政《まつりごと》をしておりましたよ、宮中に上がって。だから、そこで歌を詠《よ》んでいたんですから。

――学者をしていたほうが、よかったのではないですか。

鳩山守護霊　いやあ、歌を詠んで、世の中はまとまっていたんですから。平和で、いいじゃないですか。戦いはしてなかったわけですから。右翼《うよく》っていうのは、きっと、チャンバラをしてた人たちのことですよ。

## 10　幸福実現党を脅威《きょうい》とは思っていない

――あなたは幸福実現党をどう思っていますか。

鳩山守護霊　そうですねえ。うーん、まあ、創価学会よりはインテリだけども、戦力的には十分の一ぐらいかなあ。だから、まあ、衆議院で取れるのは三議席ぐらいなんじゃないですか。

脅威《きょうい》には思っていないんですか。

**鳩山守護霊**　だから、三議席ぐらいですから。うちは二百数十議席取りますので。

――幸福実現党の政策を見ると、あなたがたの痛いところを突《つ》いていませんか。

**鳩山守護霊**　まあ、でも、国民が、全然、賛同してませんからね。

――痛くも痒《かゆ》くもない？

**鳩山守護霊**　痛くも痒くもない。

――幸福実現党の支持者を、これから、もっと増やす活動をしますよ。

**鳩山守護霊**　「二百三十」対「三」ですから。

――幸福実現党の活動で、もっともっと、民主党の亡国政策などを国民に知らしめますよ。

**鳩山守護霊**　マスコミは報道しませんから。マスコミは民主主義の代表選手ですからね。選挙に関しては、政治に関しては、裁判官の代わりをやっているのはマスコミなんですよ。マスコミの公正中立の判断から見て、幸福実現党などは、ものの数ではないことになってる。

――自分たちの力で国民に伝えるまでです。

**鳩山守護霊**　創価学会の十分の一ですから。まあ、だから、三議席ですので、マスコミも、「取り上げるには値《あたい》しない」と、ま、こう考えているというわけですよ。はい。「政局に影響《えいきょう》なし」と。

# あとがき

本書は、冗談や、空想目的で書かれたものではないし、特定個人を攻撃するために出されるものでもない。あくまでも、私たちが「国難」と呼んでいるものの正体を明らかにするための試みである。

政治家、外交関係者、防衛関係者には是非読んでほしいし、一部の心あるマスコミ人にも読んで頂きたい。

国民に対し、「国難」の警鐘を鳴らすのは宗教家としての使命、天命と信じ、批判、非難を怖れず、勇気をもって刊行することを決意した次第である。

今の世に、たとえ受け容《い》れられずとも、国師《こくし》として私が発言していることが正しいかどうか、百年後の人たちの評価に判断を委《ゆだ》ねることとしたい。

二〇〇九年　七月十日

国師《こくし》　大川隆法《おおかわりゅうほう》

『金正日守護霊の霊言』大川隆法著作関連書籍

『幸福実現党宣言』(幸福の科学出版刊)
『政治に勇気を』(同右)
『新・日本国憲法 試案』(同右)
『国家の気概』(同右)
『朝の来ない夜はない』(同右)

# 金正日《キムジョンイル》守護《しゅご》霊《れい》の霊言《れいげん》

――日本侵略計画（金正日守護霊）vs. 日本亡国選択（鳩山由紀夫守護霊）――

2009年7月27日　初版第1刷
2009年8月7日　第2刷

著　者　大《おお》川《かわ》隆《りゅう》法《ほう》

発行所　幸福の科学出版株式会社

〒142-0041 東京都品川区戸越1丁目6番7号
TEL(03)6384-3777
http://www.irhpress.co.jp/

印刷・製本　株式会社 堀内印刷所

落丁・乱丁本はおとりかえいたします

ISBN978-4-87688-371-4 C0030

# 幸福実現党宣言

## この国の未来をデザインする

◆なぜ今「幸福実現党宣言」なのか
◆政治と宗教、その真なる関係
◆「日本国憲法」を改正すべき理由
◆消費税、医療制度、政治資金問題……
今、起きている政治の問題に答える

幸福の科学グループ
創始者 兼 総裁
大川隆法
RYUHO OKAWA
The Happiness Realization Party
幸福実現党宣言
この国の未来をデザインする
日本よ、
主権国家として
自立せよ！
幸福の科学グループ創始者
大川隆法総裁
「憲法改正」を語る

大反響
発売中

1,600円

第１章　幸福実現党宣言
第２章　この国の未来をデザインする
第３章　「幸福実現党」についての質疑応答

※表示価格は本体価格（税別）です。

大川隆法 ベストセラーズ・新時代の「国富論」

# 政治の理想について

## 幸福実現党宣言②

◆幸福実現党の立党理念とは
◆政治の最高の理想は「自由の創設」
◆徳ある政治家の輩出を
◆個人の努力が報われる社会をつくる
◆日本三億人国家構想、交通革命について

幸福の科学グループ創始者 兼 総裁
大川隆法
Ryuho Okawa
政治の理想について
幸福実現党宣言②
国師・大川隆法 政治を語る
ジャパニーズ・ドリーム到来！
政界を浄化し、夢の国・日本を創ろう！

大好評発売中

1,800円

第１章 水平権力の時代――ギリシャ的政治理想をめぐって
第２章 政治の理想について
第３章 政治経済学入門――国富増大への道
第４章 国家経済と人間の自由
第５章 幸福の具体化について

大川隆法 最新刊・政治家の気概を問う

# 政治に勇気を

## 幸福実現党宣言③

- ◆天上界の孔明が日本に授ける救国の秘策
- ◆霊査によって明かされる「金正日の野望」
- ◆「幸福実現党」立党の直接の原因とは
- ◆幸福維新はすでに始まっている
- ◆勇気のない政治家は去れ！

幸福の科学グループ創始者 兼 総裁
大川隆法
Ryuho Okawa
幸福実現党宣言③
政治に勇気を
国師・大川隆法 緊急提言
北朝鮮を暴走させてはいけない！
緊急収録！ 諸葛亮孔明の霊言
友愛外交では、北朝鮮を喜ばせるだけ！金正日の野望を明らかにしたインテックス大阪講演を収録

1,600円

最新刊！

第1章 職業としての政治について
第2章 諸葛亮孔明の提言
第3章 迫り来る国難に備えよ
第4章 勇気の試される時
第5章 未来への道

※表示価格は本体価格（税別）です。

大川隆法 最新刊・日本の新しい「国家理念」

# 新・日本国憲法 試案

## 幸福実現党宣言④

◆基本的人権の根拠を定めよ
◆議院内閣制を廃し、大統領制の導入を
◆防衛軍の創設を憲法に明記せよ
◆小さな政府・安い税金を目指せ
◆憲法は「国家の理念」を示すべき

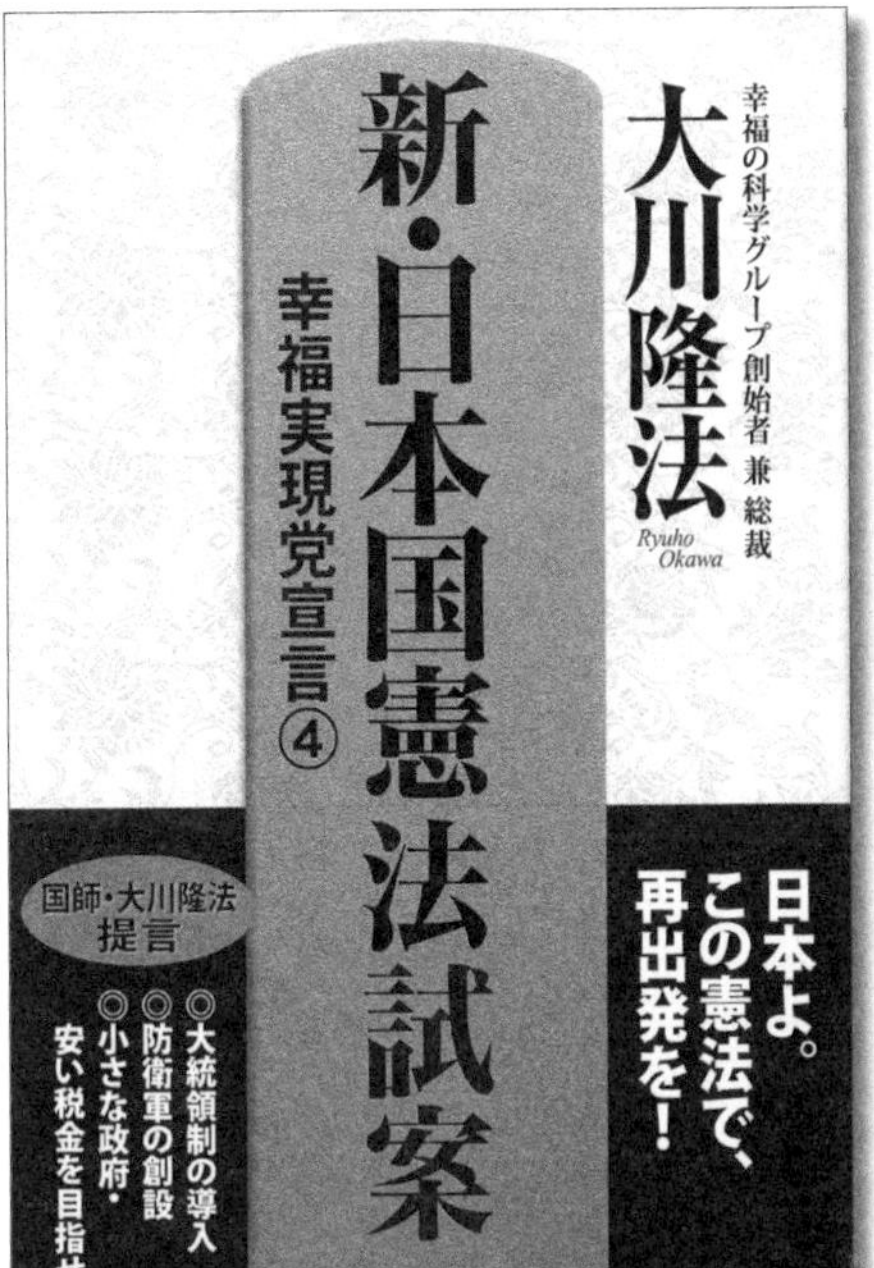
幸福の科学グループ創始者 兼 総裁
大川隆法
Ryuho Okawa
新・日本国憲法 試案
幸福実現党宣言④
日本よ。この憲法で、再出発を！
国師・大川隆法 提言
◎大統領制の導入
◎防衛軍の創設
◎小さな政府・安い税金を目指せ

1,200円

最新刊！

第1章 新・日本国憲法 試案
第2章 「新・日本国憲法 試案」講義

大川隆法 ベストセラーズ・救国の緊急提言

**迫りくる国難を予見し、あるべき「国家戦略」の姿を示す**

大好評発売中

# 国家の気概
## 日本の繁栄を守るために

大川隆法
RYUHO OKAWA
国家の気概
日本の繁栄を守るために
幸福の科学グループ創始者
大川隆法総裁 緊急提言
勇気をもって正論を唱えよ。
日本の外交と国防の危機／中台問題は21世紀の重要課題／オバマ政権の危険性／日印同盟・日露協商の必要性／すべての宗教戦争が終わるとき

◆中国の覇権主義にどう立ち向かうか
◆日本は「インド」と軍事同盟を結ぶべき
◆領土問題を脇に置いてでも「日露協商」を
◆「憲法九条」を改正し、自衛権を明記せよ
◆すべての宗教戦争を終わらせるには

1,600円

第１章 構想力の時代
第２章 リーダーに求められること
第３章 気概について――国家入門
第４章 日本の繁栄を守るために
第５章 夢の未来へ

※表示価格は本体価格（税別）です。

## 大川隆法 ベストセラーズ・不況対策 第1弾・第2弾

# 朝の来ない夜はない

### 「乱気流の時代」を乗り切る指針

- 「第二の世界恐慌」の発生を止めた日本
- なぜ、財政赤字でも<br>アメリカは潰れないのか
- 緊迫するアジア情勢。日本はどうする？
- 大不況を乗り越える「必勝の戦略」とは
- 宗教対立とテロ問題を解決するには

第1章　朝の来ない夜はない
第2章　ニューヨークで考えたこと
第3章　必勝への道
第4章　仏国土ユートピアの実現
第5章　一日一生で生きよ

1,600円

---

# 日本の繁栄は、絶対に揺るがない

### 不況を乗り越えるポイント

- この不況は<br>「ネットと携帯電話のバブル破裂不況」
- 30兆円の銀行紙幣の発行で<br>景気は回復する
- 予算の「単年度制」改正で、<br>財政赤字は解決する

第1章　不況を乗り越えるポイント
第2章　成功への道は無限にある
第3章　未来への指針
第4章　信仰と富
第5章　日本の繁栄は、絶対に揺るがない

1,600円

# 大川隆法 ベストセラーズ・成功への王道を歩む

すべての人の手に
幸福と成功を

## 希望の法

**光は、ここにある**

1,800円

金銭的な豊かさへの正しい見方や、結婚相手の選び方、人間関係をよくする方法など、学校では教えてくれない成功法則を学ぶ。

自らの運命を開く
力が湧いてくる

## 勇気の法

**熱血 火の如くあれ**

1,800円

力強い言葉の数々が、心のなかの勇気を呼び起こし、未来をつかみとる力が湧いてくる。挫折や人間関係に悩む人へ贈る情熱の書。

実戦で力を発揮する
必勝の方法論

## 常《じょう》勝《しょう》の法

**人生の勝負に勝つ**
**成功法則**

1,800円

人生全般にわたる成功の法則や、不況をチャンスに変える方法など、あらゆる勝負の局面で勝ち続けるための兵法を明かす。

人生を成功に導く
圧倒的な光の書

## 成功の法

**真のエリートを**
**目指して**

1,800円

失敗、挫折、不安、劣等感のなかにある人よ、本書を生きる糧、勇気の泉としてほしい。悩み多き現代人を励まし導く、圧倒的な光の書。

**経営の極意を初公開!**

会社と社会を
幸福にする経営論

## 経営入門

**人材論から事業繁栄まで**

小さな会社から大企業まで、組織規模に応じた経営の組み立て方や経営資源の配分、人材育成の方法など、強い組織をつくるための「経営の急所」ともいうべき要点を伝授する。

9,800円

※表示価格は本体価格(税別)です。